Die besten Rezepte zum Einmachen und Einlegen

nach Landfrauenart

tandem.VERLAG
print line

Die besten Rezepte zum Einmachen und Einlegen nach Landfrauenart

Zusammengestellt von Gisela Muhr für NOVA Libra medien, Köln
Layout & Satz: Derek Gotzen und Christoph Eiden für NOVA Libra medien, Köln
Einbandgestaltung: Marlies Müller

Gesamtherstellung: Tandem Verlag GmbH, Potsdam

ISBN 978-3-8427-0859-4

Vorwort

Wenn Sie mal wieder eine Landpartie machen, schauen Sie sich bewusst die schönen, alten Bauernhäuser oder die gepflegten Hausgärten an. Wie schaffen die das, und wer kümmert sich eigentlich darum? Welcher Großstädter weiß schon, welche Kraft in den Dörfern, auf dem flachen Lande steckt: bei den Landfrauen! Wussten Sie, dass es in Deutschland einen Landfrauenverband mit 600 000 Mitgliedern gibt – und das bereits seit Ende des 19. Jahrhunderts! Die Geschichte der Landfrauenbewegung begann vor mehr als hundert Jahren, am 2. Februar 1898. In Rastenburg in Ostpreußen gründete die Gutsbesitzerfrau Elisabet Boehm den ersten »Landwirtschaftlichen Hausfrauenverein« mit fünfzehn Mitgliedern: Land- und Stadtfrauen. Elisabet Boehm vermisste die Ausbildung der Landfrauen für deren Mehrfachbelastung als Frau, Mutter und als unentbehrliche Mitarbeiterin im Betrieb. Sie engagierte sich für die Gesundheit der Bäuerinnen und gegen die Unterbewertung deren Arbeit. Elisabet Boehm war es auch, die die Biene zum Erkennungszeichen des ersten »Landwirtschaftlichen Hausfrauenvereins« machte. Warum die Biene? Landfrauen sind so tüchtig und fleißig wie die Bienen, tragen staatsbürgerliche Verantwortung, haben Gemeinschaftssinn und engagieren sich für Hilfe Suchende. Und als Qualitätszeichen schmückte die Biene zu Beginn der Landfrauenbewegung landwirtschaftliche Produkte – so gab es ab 1909 das »Bienenei«.

Natürlich entwickelten die Landfrauen eine eigene Kochkultur: Naturbelassen, einfach und ohne Schnickschnack – das wäre die kurze Beschreibung für die Küche der Landfrauen. Früher wurde auf dem Land mindestens einmal in der Woche der große Holzofen oder das Backhaus eingeheizt, um in einer bestimmten (ökologisch perfekten) Reihenfolge zu kochen, einzumachen und zu backen.
Auch wenn Sie keinen großen Holzofen mehr haben, können Sie mit den in diesem Buch beschriebenen Rezepten der Landfrauen wundervoll duftende, aromatisch schmeckende und pikante Lebensmittel zu Hause einmachen.
Und mit Chutneys, Kompotten oder süßsauer Eingelegtem werden Sie viel Lob für Ihre Kochkunst erhalten.
Mit natürlichen, einfachen Zutaten gekocht und fein im Geschmack, versprechen diese Gerichte Genuss pur. Mit viel Liebe wurden die ausführlichen Rezepte der Landfrauen ausgewählt, geprüft und mehrfach getestet. Außerdem sind sie mit hilfreichen Tipps und Erklärungen ergänzt und alphabetisch geordnet.

Nur, was auch wie ein echtes Landfrauengericht schmeckt, wurde in dieses Buch aufgenommen!

Einleitung

Einmachen ist altmodisch? – Mag sein.
Einmachen ist kompliziert? – Auf keinen Fall.

Bereits in früheren Zeiten wussten die Landfrauen, was eine gute, schmackhafte Küche so wertvoll macht. Nämlich gute, frische Produkte durch Einmachen haltbar zu machen und immer Gemüse und Obst auf den Tisch zu bringen.

Achten Sie bei Ihrem Einkauf darauf, dass Obst und Gemüse frisch, reif und einwandfrei sind.

Die selbst eingemachten Lebensmittel garantieren immer einen Vorrat, der auch im Winter den Genuss von Spargel, Kirschen, Mirabellen und anderen saisonalen Gemüse- oder Obstsorten ermöglicht. Es ist sichergestellt, dass die eingemachten und eingelegten Produkte frei von Konservierungsstoffen und Geschmacksverstärkern sind.

Das Einmachen und Einlegen ist nicht kompliziert, nur ein wenig arbeitsaufwendig. Auch die Lagerung benötigt keinen großen Aufwand. An einem kühlen, dunklen Ort auf ein Regal gestapelt, nehmen Ihnen die Gläser weder im Kühlschrank noch in der Gefriertruhe den Platz weg.

Mit der nachfolgenden Anleitung zum Einmachen und Einlegen können Sie erkennen, wie grundsätzlich einfach die einzelnen Arbeitsschritte sind und wie viel Spaß es macht, die Familie mit den selbst gemachten Produkten zu erfreuen. Auch als Mitbringsel ist das selbst Eingemachte ein Renner. Mit solchen Köstlichkeiten ernten sie auf jeden Fall eine Menge an Begeisterung und Bewunderung für Ihre »Fähigkeiten« in der Küche.

Viel Freude und Genuss!

Anleitung

Sämtliche Hilfsmittel und Einmachtechniken dienen nur dem Ziel, die Lebensmittel haltbar zu machen. Dazu werden Bakterien und Schimmelpilze, die das Eingemachte verderben könnten, vernichtet.

Wie bei allem in der Küche ist das richtige »Handwerkszeug« äußerst wichtig.

Sie benötigen:

1. fehlerfreie Gläser (die Größe und damit auch die Einfüllmenge bestimmen Sie selbst)
2. ausreichende Anzahl an unterschiedlichen Glasgrößen
3. fehlerfreie Deckel
4. tadellos elastische Gummiringe für die Gläser
5. Bügel zum Befestigen der Deckel beim Sterilisieren
6. einen Einkochkessel und ein Thermometer

Unerlässlich beim Einmachen und Einlegen ist allergrößte Hygiene:

1. die Einmachgläser und Deckel müssen gründlich und heiß gespült werden
2. die Gummiringe und Verschlussbügel müssen ausgekocht werden
3. die angegebene Einkochzeit sollte eingehalten werden
4. das Eingemachte sollte kühl und an einem dunklen Ort lagern
5. eine gelegentliche Kontrolle, ob die Gläser noch verschlossen sind, ist nötig

Durch das Erhitzen in Gläsern wird Obst, Gemüse und Fleisch keimfrei und erhält durch das entstehende Vakuum die Haltbarkeit.

Das Einfüllen:

1. das Eingemachte wird wie im Rezept beschrieben zubereitet und bis 2 cm unter den Glasrand gefüllt
2. der Glasrand wird – falls notwendig – abgetrocknet bzw. gesäubert
3. der feuchte Gummiring wird auf den Glasrand gelegt
4. der Deckel wird darauf gesetzt und mit dem Federbügel verschlossen

Das Einkochen bzw. Sterilisieren:
Die Gläser werden in einen Einkochtopf mit Thermometer (im Handel erhältlich) gestellt und zu ¾ der Glashöhe mit Wasser umgossen. Man erhitzt das Wasser auf die angegebene Temperatur und lässt es in der vorgeschriebenen Zeit sterilisieren.

Eingelegtes benötigt kein Sterilisieren. Aber auch hier ist Reinlichkeit das oberste Gebot. Beim Einlegen können Sie auch Gläser mit Schraubverschluss verwenden.

Chutneys (dicke, stark gewürzte Soßen) und Relishes (Appetitanreger) entwickeln ihr pikantes Aroma nach etwa vier bis sechs Wochen.

Wurst und Fleisch in Einmachgläsern darf die nötige Temperatur nur langsam erreichen. Die Masse in den Gläsern steigt sonst hoch, und das Fett kocht aus.

In Essig Eingemachtes hält sich besonders gut, da die Mikroorganismen die Essigsäure nicht vertragen.

Angebrochene Gläser müssen im Kühlschrank aufbewahrt werden.

A

Ananas-Pfirsich-Chutney

Für mindestens 2–4 Gläser, je nach Glasgröße
Zubereitungszeit: 25 Minuten
Kochzeit: 15 Minuten

Einkaufsliste/Zutaten

500 g frische Ananas (geputzt gewogen)
250 g frische Pfirsiche (geputzt gewogen)
200 ml Weißweinessig
2 Tl Curry
Salz
Pfeffer
Paprikapulver edelsüß
500 g Gelierzucker

Vorküche

Die Ananas schälen, vierteln und vom Strunk befreien.
Das Fruchtfleisch in feine Würfel schneiden.
Die Pfirsiche waschen, heiß überbrühen und die Haut
abziehen. Die Früchte halbieren, entsteinen
und ebenfalls in kleine Würfel schneiden.

Zubereitung

Die Fruchtstücke mit dem Essig in einen Topf geben
und mit Curry, Salz, Pfeffer, Paprikapulver würzen.
Den Gelierzucker dazugeben, verrühren und bei starker
Hitze unter Rühren aufkochen.
Etwa 10 Minuten unter ständigem Rühren kochen lassen.
Das Ananas-Pfirsich-Chutney sofort in vorbereitete Gläser füllen
und 10 Minuten auf den Deckel stellen.

Merkzettel

Sie können auch Früchte aus der Dose verwenden,
so können Sie das Chutney auch in anderen
Jahreszeiten zubereiten.

Apfelchutney

Für mindestens 4–8 Gläser, je nach Glasgröße
Zubereitungszeit: 20 Minuten
Kochzeit: 10–15 Minuten

Einkaufsliste/Zutaten

2 kg Äpfel
650 g Zwiebeln
250 g Rosinen
1 l Weißweinessig
400 g Zucker
1 Tl Nelkenpulver
1 Tl Zimtpulver
1 El Salz
Etwas Chilipulver

Vorküche

Die Äpfel waschen, schälen, halbieren und vom Kerngehäuse befreien. Die Apfelhälften grob in Stücke schneiden. Die Zwiebeln schälen und in feine Würfel schneiden. Die Rosinen waschen und abtropfen lassen.

Zubereitung

In einem Topf Essig mit dem Zucker und den Gewürzen aufkochen lassen. Die Apfelstücke, Zwiebelwürfel und Rosinen dazugeben. Die Hitze reduzieren und unter ständigem Rühren zu einem Mus kochen. Das Apfelchutney sofort und noch heiß in Gläser abfüllen.

Merkzettel

Der Apfel ist ein Kernobstgewächs und umfasst 40–55 Arten. Für das Apfelchutney wählen Sie einfach den Apfel, den Sie auch sonst gerne essen.

Apfelkompott

Für mindestens 4 Gläser oder mehr, je nach Glasgröße
Zubereitungszeit: 20 Minuten
Koch- & Sterilisierzeit: ca. 45 Minuten

Einkaufsliste/Zutaten

1,5 kg Äpfel
300 g Zucker
Saft einer Zitrone
Zimt (Menge nach Belieben)

Vorküche

Die Äpfel waschen, schälen, vierteln
und das Kerngehäuse entfernen.
Die Apfelviertel nochmals halbieren.

Zubereitung

In einem Topf etwas Wasser mit Zucker, Zitronenschale und Zimt aufkochen. Bei mittlerer Hitze so lange köcheln lassen, bis sich der Zucker aufgelöst hat. Die Apfelstücke dazugeben und 3–4 Minuten durchziehen lassen.
Alles in Gläser füllen und bei 90 °C etwa 30 Minuten sterilisieren.

Merkzettel

Verarbeiten Sie einen säuerlichen Apfel, dann ist das Kompott schmackhafter.

Aprikosenkompott

Für mindestens 4 Gläser oder mehr, je nach Glasgröße
Zubereitungszeit: 25 Minuten
Koch- & Sterilisierzeit: ca. 35 Minuten

Einkaufsliste/Zutaten

2 kg Aprikosen
500 g Zucker

Vorküche

Die Früchte waschen, mit kochendem Wasser übergießen und von der Haut befreien. Die Aprikosen halbieren und entsteinen, eventuell Druckstellen entfernen. Die Aprikosen in Gläser schichten.

Zubereitung

In einem Topf 1 l Wasser mit dem Zucker aufkochen lassen. Die Zuckerlösung über die Aprikosen gießen. Die Gläser mit Gummi und Deckel verschließen und im Kessel bei 75 °C etwa 30 Minuten sterilisieren.

Merkzettel

Verarbeiten Sie reife Früchte, da unreife Aprikosen sehr sauer sind.

Auberginen, eingelegte

Für mindesten 4 Gläser oder mehr, je nach Glasgröße
Zubereitungszeit: 45 Minuten (ohne Wartezeit)
Kochzeit: 30 Minuten

Einkaufsliste/Zutaten

1 kg kleine, möglichst gleich große Auberginen
Saft einer Zitrone
Salz
3 Zwiebeln
4 rote Peperoni
4 Knoblauchzehen
Pfeffer
Sellerieblätter
2–3 l Weißweinessig

Vorküche

Die Auberginen waschen, trockentupfen und halbieren. Die Stiele abschneiden, Fruchtfleisch aushöhlen, mit dem Zitronensaft begießen und beiseite stellen.

Zubereitung

Die Auberginenhälften in Salzwasser etwa 30 Minuten bei mittlerer Hitze köcheln lassen. Aus der Flüssigkeit nehmen und auf Küchenpapier sehr gut trocknen lassen. Zwischenzeitlich die Zwiebeln schälen und in kleine Würfel schneiden. Die Peperoni waschen, trockentupfen und in kleine Ringe schneiden (wenn die Peperoni sehr scharf sind, die weißen Kerne entfernen). Den Knoblauch pellen und in feine Scheiben schneiden. Zwiebeln, Peperoni und Knoblauch mit dem Fruchtfleisch vermischen und mit Salz und Pfeffer würzen. In jede Aubergine jeweils 2 El von der Zwiebel-Fruchtfleisch-Mischung geben. Die Auberginenhälften zusammendrücken und mit den Sellerieblättern umwickeln. Die gefüllten Auberginen in Gläser schichten und mit dem Essig auffüllen, sodass die Auberginen vollkommen bedeckt sind. Die Gläser verschließen und mindestens 4 Wochen an einem kühlen Ort stehen lassen.

Merkzettel

Die Aubergine ist verwandt mit der Kartoffel und der Tomate. Aber Vorsicht! Roh verzehrt ist sie giftig.

B

Birnenkompott

Für mindestens 4–6 Gläser oder mehr, je nach Glasgröße
Zubereitungszeit: 25 Minuten
Koch- & Sterilisierzeit: ca. 40 Minuten

Einkaufsliste/Zutaten

2 kg Birnen
700 g Zucker
Zimt (Menge nach Belieben)

Vorküche

Die Birnen waschen, schälen, halbieren, das Kerngehäuse entfernen und die Früchte in gleich große Stücke schneiden.

Zubereitung

In einem Topf etwa 1,5 l Wasser mit Zucker aufkochen. Die Birnen darin nicht zu weich köcheln lassen. Die Birnen in Gläser füllen und bei 90 °C etwa 30 Minuten sterilisieren.

Merkzettel

Verarbeiten Sie Birnen, die Sie auch sonst gerne essen. Besonders schmackhaft wegen ihrer Süße sind Williams Christbirnen.

Blumenkohl, eingemachter

Für mindestens 4 Gläser oder mehr, je nach Glasgröße
Zubereitungszeit: 25 Minuten
Koch- & Sterilisierzeit: ca. 42 Minuten

Einkaufsliste/Zutaten

2 mittelgroße Blumenkohlköpfe
Salz

Vorküche

Den Blumenkohl von den äußeren Blättern und dem Strunk befreien. Die Kohlköpfe etwa 10 Minuten in Salzwasser legen, abtropfen lassen und die Röschen abschneiden.

Zubereitung

In einem großen Topf Salzwasser zum Kochen bringen und die Blumenkohlröschen darin bei mittlerer Hitze etwa 10–12 Minuten köcheln lassen.
Die Röschen in vorbereitete Gläser schichten, mit dem Salzwasser begießen und bei 98 °C 30 Minuten sterilisieren.

Merkzettel

Achten Sie bei Ihrem Einkauf darauf, dass die Blumenkohlröschen geschlossen sind. Sind die Röschen nicht geschlossen und riechen leicht »fischig«, ist der Kohl überlagert.

Bohnen, eingemachte

Für 2–4 Gläser, je nach Glasgröße
Zubereitungszeit: 20 Minuten
Koch- & Sterilisierzeit: ca. 66 Minuten

Einkaufsliste/Zutaten
600 g grüne Bohnen (Brech- oder Schnittbohnen)
Salz

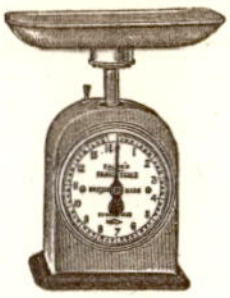

Vorküche

Die Bohnen waschen und die Fäden abziehen.
Brechbohnen in gleich große Stücke brechen,
Schnittbohnen in gleich große Stücke schneiden.

Zubereitung

In einem Topf etwas Salzwasser zum Kochen bringen und die Bohnen darin etwa 6 Minuten köcheln lassen. Das Gemüse abgießen, heiß in Gläser füllen und mit frischem leicht gesalzenem Wasser aufgießen.
Bei 98 °C 1 Stunde sterilisieren lassen.

Merkzettel

Bohnen sind roh nicht essbar. Erst durch Kochen wird der gefährliche Aminosäureblocker zerstört.

Brokkoli, eingemachter

Für mindestens 4 Gläser oder mehr, je nach Glasgröße
Zubereitungszeit: 30 Minuten
Koch- & Sterilisierzeit: ca. 70 Minuten

Einkaufsliste/Zutaten
1 kg Brokkoli
Salz

Vorküche

Den Brokkoli 20 Minuten in Salzwasser legen.
Danach putzen und in Röschen schneiden.

Zubereitung

In einem großen Topf Salzwasser zum Kochen bringen und die Brokkoliröschen darin etwa 10 Minuten köcheln lassen. Den Brokkoli abgießen, in Gläser füllen, mit leicht gesalzenem Wasser auffüllen und bei 98 °C 1 Stunde sterilisieren.

Merkzettel

Brokkoli, der engste Verwandte des Blumenkohls, ist reich an Vitamin C und Betacarotin.

Brombeeren süßsauer

Für 4–6 Gläser, je nach Glasgröße
Zubereitungszeit: 10 Minuten
Kochzeit: ca. 12 Minuten

Einkaufsliste/Zutaten

1 kg Brombeeren
450 g Zucker
750 ml Rotweinessig
80 ml Portwein

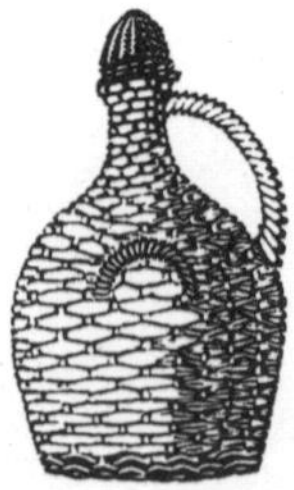

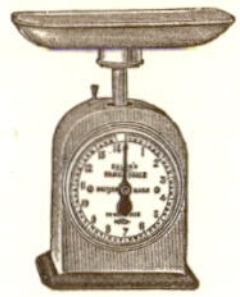

Vorküche

Die Brombeeren verlesen, waschen
und gut abtropfen lassen.

Zubereitung

Die Früchte in einem Topf mit Zucker, Essig
und Portwein zum Kochen bringen. Bei mittlerer Hitze
etwa 10–12 Minuten kochen lassen und heiß in Gläser füllen.

Merkzettel

Brombeeren wirken blutstillend, blutzuckersenkend
und sogar gegen Durchfall.

Brombeerkompott

Für 4–6 Gläser, je nach Glasgröße
Zubereitungszeit: 10 Minuten
Sterilisierzeit: 30 Minuten

Einkaufsliste/Zutaten

1 kg reife Brombeeren
300 g Zucker

Vorküche

Die Brombeeren verlesen, waschen und gut abtropfen lassen.

Zubereitung

Die Brombeeren mit dem Zucker in Gläser schichten und bei 75 °C 30 Minuten sterilisieren lassen.

Merkzettel

Die blauschwarzen Früchte sind, anders als der Name der Pflanze suggeriert, keine Beeren, sondern Sammelsteinfrüchte.

C

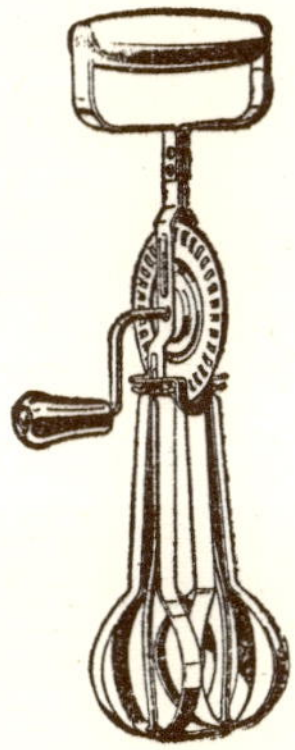

Camembert, eingelegter

Für 4 Gläser
Zubereitungszeit: 20 Minuten (ohne Wartezeit)

Einkaufsliste/Zutaten

1 Bund Majoran
4 Knoblauchzehen
2 Tl eingelegter grüner Pfeffer
4 Camemberts (je 125 g)
Sonnenblumenöl

Vorküche

Majoran waschen und trockentupfen.
Den Knoblauch schälen und in feine Scheiben schneiden. Den grünen Pfeffer gut abtropfen lassen.
Die Camemberts in Achtel schneiden.

Zubereitung

Die Camemberts abwechselnd mit Majoran, Knoblauch und grünem Pfeffer in ein hohes Glas schichten.
Mit Sonnenblumenöl auffüllen, bis alles mit Öl bedeckt ist.
Das Glas fest verschließen und vor dem Verzehr mindestens 2 Tage bei Zimmertemperatur durchziehen lassen.

Merkzettel

Der Camembert ist je nach Reifegrad hell- bis goldgelb.

Champignons süßsauer

Für 4 Gläser oder mehr, je nach Glasgröße
Zubereitungszeit: 10 Minuten
Kochzeit: 15 Minuten

Einkaufsliste/Zutaten

750 g Champignons
250 ml Weißweinessig
150 g Zucker
Salz
Pfeffer
1 Lorbeerblatt
4 Wacholderbeeren
1 Tl Senfkörner

Vorküche

Die Champignons putzen und je
nach Größe halbieren oder vierteln.

Zubereitung

In einem Topf den Essig mit 125 ml Wasser
und den restlichen Zutaten 5 Minuten kochen lassen.
Die Champignons dazugeben und
10 Minuten weiterköcheln lassen.
Die Champignons mit dem Sud noch heiß
in Gläser füllen und verschließen.

Merkzettel

In Mitteleuropa gibt es ca. 40 Arten Champignons,
die meisten davon sind essbar und wohlschmeckend.
Am bekanntesten ist der Wiesenchampignon
mit seinem weißen Hut.

Champignons, eingelegte

Für 2–4 Gläser, je nach Glasgröße
Zubereitungszeit: 15 Minuten (ohne Wartezeit)
Kochzeit: ca. 15 Minuten

Einkaufsliste/Zutaten

500 g Champignons
2 Knoblauchzehen
300 ml Olivenöl
Salz
Pfeffer
Saft einer halben Zitrone

Vorküche

Die Champignons putzen und in Scheiben schneiden. Den Knoblauch pellen und fein hacken.

Zubereitung

In einem Topf 2 El Olivenöl erhitzen und die Champignons darin anbraten. Knoblauch dazugeben und mit Salz und Pfeffer würzen und mit Zitronensaft begießen. Das Ganze so lange köcheln lassen, bis die Flüssigkeit eingekocht ist.

Die Champignons in Gläser füllen und mit Olivenöl begießen. An einem kühlen Ort aufbewahren und mindestens 2 Tage vor dem Verzehr ziehen lassen.

Merkzettel

Es gibt weltweit 30.000 Champignonsorten.

Chilis süßsauer

Für 2–4 Gläser, je nach Glasgröße
Zubereitungszeit: 15 Minuten
Kochzeit: ca. 25 Minuten

Einkaufsliste/Zutaten

400 g rote Chilischoten
2 Zwiebeln
800 ml Rotweinessig
Pfeffer
60 g Zucker
Salz

Vorküche

Die Chilischoten waschen, trockentupfen und die Stiele entfernen. Die Schoten mit einem spitzen, scharfen Messer einritzen, damit die Flüssigkeit einziehen kann. Die Zwiebeln schälen und in kleine Würfel schneiden.

Zubereitung

In einem Topf den Essig mit 800 ml Wasser und den Gewürzen aufkochen und etwa 10 Minuten durchkochen. Die Chilis und die Zwiebeln dazugeben und das Ganze etwa 12–15 Minuten bei mittlerer Hitze köcheln lassen. Die Chilis süßsauer mit der Flüssigkeit noch heiß in Gläser füllen.

Merkzettel

Chilis gibt es in hundert Sorten und Schärfegraden. Vorsicht bei der Verarbeitung der scharfen Schoten. Ein unbedachter Griff ins Auge oder an die Nase kann sehr unangenehm sein.

E

Eisbein, eingemachtes

Für 4–6 Gläser oder mehr, je nach Glasgröße
Zubereitungszeit: 10 Minuten
Koch- & Sterilisierzeit: 3½ Stunden

Einkaufsliste/Zutaten

1,5 kg Eisbein
Salz
5 Pfefferkörner
1 Lorbeerblatt
170 ml Essig

Vorküche

Die Eisbeine waschen und trockentupfen, gegebenenfalls verbliebene Borsten entfernen.

Zubereitung

Das Fleisch in kaltem Wasser aufsetzen und zum Kochen bringen. Mit Salz, Pfeffer, Lorbeerblatt und Essig würzen und bei mittlerer Hitze etwa 1½ Stunden weich kochen lassen.
Das Fleisch aus dem Topf heben, vom Knochen lösen und in mundgerechte Stücke schneiden.
Die Fleischstücke in Einmachgläser füllen.
Den Fleischsud durchsieben und über das Fleisch gießen. Bei 100 °C 2 Stunden sterilisieren lassen.

Merkzettel

Das Eisbein verdankt seinen Namen der Verarbeitung des stabilen Röhrenknochens zur Schlittschuhkufe in früheren Zeiten.

Erbsen, eingemachte

Für 2–4 Gläser, je nach Glasgröße
Zubereitungszeit: 30 Minuten
Koch- & Sterilisierzeit: ca. 70 Minuten

Einkaufsliste/Zutaten

600 g Erbsen (ohne Schoten gewogen)
Salz
1 Prise Zucker

Vorküche

Die Erbsen aus den Schoten pulen und waschen.

Zubereitung

In einem Topf leicht gesalzenes Wasser zum Kochen bringen und die Erbsen mit dem Zucker darin kurz vorkochen. Die Erbsen in Einmachgläser füllen, mit leicht gesalzenem Wasser auffüllen und bei 98 °C 1 Stunde sterilisieren.

Merkzettel

Erbsen sind eiweißreich und voller Vitamine.

Essigpflaumen

Für mindestens 4 Gläser oder mehr, je nach Glasgröße
Zubereitungszeit: 15 Minuten (ohne Wartezeit)
Kochzeit: einige Minuten

Einkaufsliste/Zutaten

1,5 kg Pflaumen
750 ml Weißweinessig
1 kg Zucker
250 ml Rotwein
¼ Tl Zimt
Etwas Nelkenpulver
Saft einer halben Zitrone

Vorküche

Die Pflaumen waschen, trockentupfen, mit einer Gabel mehrmals einstechen und in die Gläser legen.

Zubereitung

Den Essig mit Zucker, Rotwein und den Gewürzen bei schwacher Hitze kochen, bis sich der Zucker aufgelöst hat. Dann abkühlen lassen.
Den Essigsud über die Pflaumen gießen, die Gläser mit den Deckeln verschließen und über Nacht stehen lassen. Am nächsten Tag den Essigsud abgießen und nochmals aufkochen lassen. Den Sud etwas abkühlen lassen und wieder über die Pflaumen gießen.
Die Gläser verschließen und an einem kühlen Ort stehen lassen.
Luftdicht verschlossen, können Sie die Essigpflaumen etwa 8 Wochen lang genießen.

Merkzettel

Legen Sie die Pflaumen frühzeitig ein, denn sie schmecken besonders gut zu Wildgerichten.

F

Feigen-Mandel-Relish

Für 2–4 Gläser, je nach Glasgröße
Zubereitungszeit: 20 Minuten
Kochzeit: 35 Minuten

Einkaufsliste/Zutaten

150 g geschälte Mandeln
500 g frische Feigen
150 g Zucker
Saft und Schale einer unbehandelten Orange
1 Msp. Zimt
2 Gewürznelken
1 Msp. Cayennepfeffer
Salz
125 ml Weißweinessig
50 ml Weinbrand

Vorküche

Die Mandeln auf einem Backblech verteilen und bei 200 °C im Backofen etwa 10 Minuten goldbraun rösten. Die Mandeln herausnehmen, etwas abkühlen lassen und grob zerhacken. Die Feigen vorsichtig waschen, abtropfen lassen und in Scheiben schneiden.

Zubereitung

Die Feigen mit allen Zutaten, außer Mandeln und Weinbrand, in einen Topf geben, verrühren und zum Kochen bringen. Die Hitze reduzieren und alles etwa 30 Minuten leise köcheln lassen.
Den Topf von der Herdplatte ziehen, Mandeln und Weinbrand unterrühren und alles sofort in Gläser füllen und verschließen.

Merkzettel

Luftdicht verschlossen, ist das schmackhafte Relish etwa ein Jahr lang haltbar.

Fenchel, eingemachter

Für 4 Gläser oder mehr, je nach Glasgröße
Zubereitungszeit: 15 Minuten
Koch- & Sterilisierzeit: ca. 1¼ Stunden

Einkaufsliste/Zutaten

8 mittelgroße Fenchelknollen
Salz
1 Prise Zucker

Vorküche

Die Fenchelknollen waschen, das obere Grün abschneiden und beiseite stellen. Den Fenchelboden entfernen, eventuell braune Stellen entfernen und die Knollen halbieren oder vierteln.

Zubereitung

In einem Topf leicht gesalzenes Wasser mit dem Zucker zum Kochen bringen und den Fenchel mit dem Fenchelgrün darin halbweich kochen lassen.
Den Fenchel in Einmachgläser füllen, mit Wasser auffüllen und bei 98 °C 1 Stunde sterilisieren lassen.

Merkzettel

Fenchel als Heilmittel hilft z. B. gegen Blähungen, krampfartige Magen- und Darmbeschwerden und bei Völlegefühl.

G

Gänseleberpastete, eingemachte

Für 4–6 Gläser, je nach Glasgröße
Zubereitungszeit: 45 Minuten
Koch- & Sterilisierzeit: ca. 3 Stunden

Einkaufsliste/Zutaten

500 g Gänseleber
300 g Schweinebauch (ohne Schwarte)
400 g Kalbfleisch
2 Zwiebeln
Pfeffer
Salz
Majoran, Thymian (Menge nach Belieben)
2 Eigelbe
12–16 Speckscheiben

Vorküche

Die Leber waschen, eventuell von Häuten und Röhrchen befreien und in Stücke schneiden. Schweinebauch und Kalbfleisch waschen und trockentupfen. Die Zwiebeln schälen und in feine Würfel schneiden.

Zubereitung

Den Schweinebauch und das Kalbfleisch mit den Gewürzen und den Zwiebelwürfeln in einen Topf geben und mit so viel Wasser auffüllen, bis alles bedeckt ist. Das Ganze zum Kochen bringen und etwa 45–55 Minuten weich kochen. Etwas abkühlen lassen und durch die feine Scheibe des Fleischwolfs drehen. Die Fleischmasse mit den Eigelben vermischen und nochmals mit Salz und Pfeffer abschmecken. Die Speckscheiben in Gläser legen, sodass der Glasboden und die Glaswände bedeckt sind. Die Fleischfarce und die Leber abwechselnd in die Gläser schichten, mit der Fleischfarce abschließen. Das Ganze mit Speckscheiben abschließen. Bei 98 °C 2 Stunden sterilisieren lassen.

Merkzettel

Sie können die Pastete zusätzlich mit Pilzen (z. B. Champignons, Steinpilze etc.) zubereiten.

Gewürzgurken

Für 4–8 Gläser, je nach Glasgröße
Zubereitungszeit: 20 Minuten (ohne Wartezeit)
Koch- & Sterilisierzeit: ca. 30 Minuten

Einkaufsliste/Zutaten

2,5 kg kleine, möglichst gleich große Einmachgurken
Salz (zum Einreiben der Gurken)
3 Zwiebeln
2–3 Bund Dill
Lorbeerblätter (Menge richtet sich nach der Anzahl der Einmachgläser)
1 l Weißweinessig
1 El Salz
1 El schwarze Pfefferkörner
2 El Senfkörner
3 gestrichene El Zucker

Vorküche

Die Gurken gründlich waschen, trockentupfen und gut mit Salz einreiben. Die Gurken in eine große Schüssel geben und über Nacht stehen lassen. Am nächsten Tag nochmals in kaltem Wasser waschen und gut trockenreiben.
Die Zwiebeln schälen und in feine Ringe schneiden.
Den Dill waschen, gut trocknen und in Rispen rupfen.

Zubereitung

Die Gurken mit den Zwiebeln und den Dillrispen gleichmäßig in Einmachgläser schichten, jeweils 1 Lorbeerblatt dazugeben.
Den Essig mit 1 l Wasser und den Gewürzen aufkochen lassen. Den Essigsud vollständig abkühlen lassen und über die Gurken gießen. Die Gurken sollten fingerbreit mit der Flüssigkeit bedeckt sein.
Bei 85 °C 20 Minuten sterilisieren lassen.

Gurken, eingemachte

Für 4–6 Gläser, je nach Glasgröße
Zubereitungszeit: 15 Minuten
Koch- & Sterilisierzeit: ca. 45 Minuten

Einkaufsliste/Zutaten

1,5 kg Gurken
Salz

Vorküche

Die Gurken waschen, schälen, halbieren, vierteln und von den Kernen befreien. Die Gurken in fingerdicke Streifen schneiden.

Zubereitung

Leicht gesalzenes Wasser in einem Topf zum Kochen bringen und die Gurkenstreifen darin nicht zu weich kochen lassen. Die Gurken in Einmachgläser geben und mit der Brühe begießen. Bei 98 °C 30 Minuten sterilisieren lassen.

Gurken süßsauer

Für 4–6 Gläser oder mehr, je nach Glasgröße
Zubereitungszeit: 15 Minuten
Kochzeit: ca. 20 Minuten

Einkaufsliste/Zutaten

1 kg Salatgurken
250 ml Weißweinessig
500 g Zucker
6 Nelken
1 Tl Senfkörner

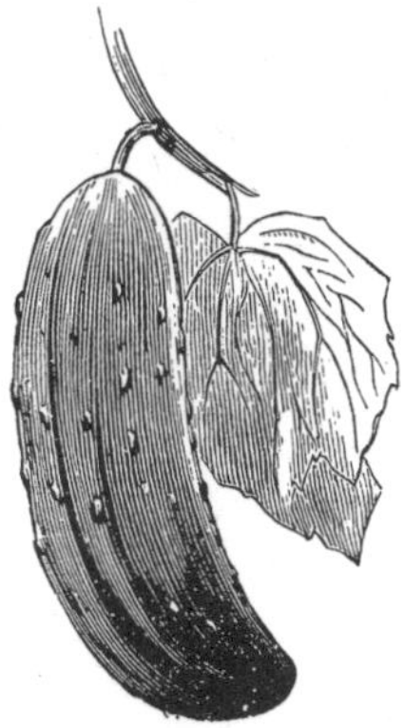

Vorküche

Die Gurken waschen, schälen, der Länge nach halbieren und die Kerne entfernen. Die Gurkenhälften in etwa 8 cm lange Stücke schneiden.

Zubereitung

In einem Topf den Essig mit 500 ml Wasser und den Gewürzen aufkochen lassen, die Gurkenstücke dazugeben und alles bei geringer Hitze etwa 5 Minuten köcheln lassen. Die Gurken aus dem Sud nehmen und beiseite stellen. Den Sud weiterköcheln lassen, reduzieren, bis er leicht dicklich ist. Die Gurken zurückgeben und etwa 5 Minuten ziehen lassen. Die Gurken mit dem Sud in Gläser füllen und an einem kühlen Ort stehen lassen.

Merkzettel

Trotz ihres extrem hohen Wassergehaltes (rund 98%) weisen die Gurken einen hohen Gehalt an Kalium, Kalzium, Phosphor, Eisen, Kohlenhydraten und Vitaminen auf.

H

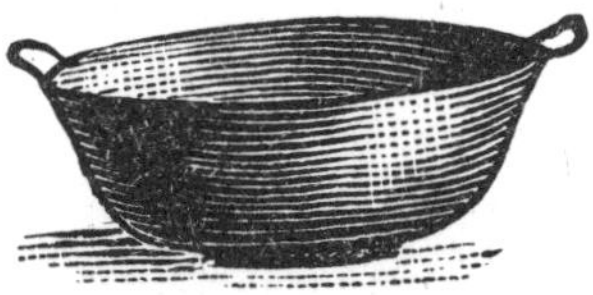

Hagebuttenkompott

Für 2–4 Gläser, je nach Glasgröße
Zubereitungszeit: 20 Minuten
Koch- & Sterilisierzeit: 45 Minuten

Einkaufsliste/Zutaten

1,5 kg reife, weiche Hagebutten
50 ml Weinessig
Saft einer halben Zitrone
250 g Zucker

Vorküche

Die Hagebutten verlesen, waschen und abtropfen lassen. Die Früchte halbieren und gut auskratzen.

Zubereitung

In einem Topf etwa 1 l Wasser mit Essig, Zitronensaft und Zucker aufkochen lassen. Die Früchte dazugeben und nochmals gut aufkochen lassen.
Das Kompott in Gläser füllen und bei 80 °C etwa 30 Minuten sterilisieren.

Merkzettel

Die Hagebutte ist besonders reich an Vitamin A und Vitamin C.

Heidelbeerkompott

Für 4–6 Gläser, je nach Glasgröße
Zubereitungszeit: 10 Minuten (ohne Wartezeit)
Sterilisierzeit: 30 Minuten

Einkaufsliste/Zutaten
3,5 kg Heidelbeeren
900 g Zucker

Vorküche

Die Heidelbeeren verlesen, waschen und gut abtropfen lassen.

Zubereitung

Die Heidelbeeren in einer Schüssel mit dem Zucker vermischen und etwa 30 Minuten stehen lassen, bis die Früchte gut Saft ziehen.
Die Früchte mit dem ausgetretenen Saft in Gläser füllen und bei 80 °C 30 Minuten sterilisieren.

Merkzettel

Nur wild wachsende Früchte sind durch und durch blau. Die im Handel erhältliche Beere ist meist gezüchtet (Kulturheidelbeere), und der blaue Farbstoff befindet sich hier nur in der Schale.

Heringe, eingelegte

Für 2–4 Gläser, je nach Glasgröße
Zubereitungszeit: 15 Minuten (ohne Wartezeit)
Kochzeit: einige Minuten

Einkaufsliste/Zutaten

10 Salzheringe (Filets)
2 Zwiebeln
5 Gewürzgurken
300 ml Weißweinessig
100 g Zucker
1 Lorbeerblatt
10 Pimentkörner
10 Pfefferkörner

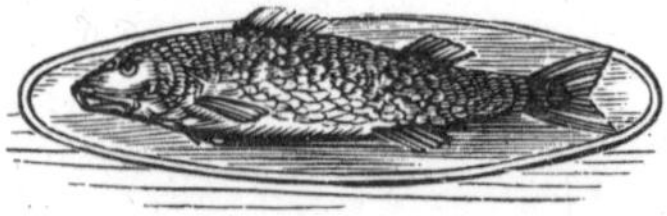

Vorküche

Die Salzheringe über Nacht wässern.
Die Filets gut trockentupfen und in etwa 5 cm große Stücke schneiden.
Die Zwiebeln schälen und in feine Ringe schneiden.
Die Gurken in Scheiben schneiden.

Zubereitung

Den Essig mit 500 ml Wasser, Zucker, Lorbeerblatt, Pimentkörnern und Pfefferkörnern aufkochen.
Bei mittlerer Hitze so lange köcheln lassen, bis sich der Zucker gelöst hat.
Den Sud abkühlen lassen.
Die Heringe mit Zwiebeln und Gurken in Gläser schichten und mit dem Sud bedecken. Die Heringe vor dem Verzehr an einem gekühlten Ort 2 Tage stehen lassen.

Merkzettel

Da der frische Hering wegen seines hohen Fettgehaltes schnell verdirbt, sollte er rasch verarbeitet werden.

Holunderbeerenkompott

Für 4 Gläser oder mehr, je nach Glasgröße
Zubereitungszeit: 10 Minuten
Koch- & Sterilisierzeit: 35 Minuten

Einkaufsliste/Zutaten

1 kg Holunderbeeren
370 g Zucker

Vorküche

Die Beeren verlesen, waschen und gut abtropfen lassen.

Zubereitung

Den Zucker mit 1 l Wasser in einem Topf kräftig aufkochen lassen.
Die Beeren dazugeben und nochmals aufkochen lassen.
Alles in Gläser füllen und bei 80 °C 30 Minuten sterilisieren lassen.

Hühnerbrust, eingemachte

Für 4–6 Gläser, je nach Glasgröße
Zubereitungszeit: 20 Minuten
Koch- & Sterilisierzeit: 1 ¼ Stunden

Einkaufsliste/Zutaten

800 g Hühner- oder Hähnchenbrust
1 El Butterschmalz
200 ml Instantfleischbrühe
Salz
Pfeffer

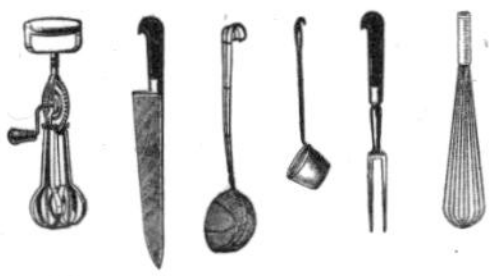

Vorküche

Das Fleisch waschen, trockentupfen und in etwa 2 cm große Stücke schneiden.

Zubereitung

Das Butterschmalz in einem Topf auslassen, die Fleischstücke darin anbraten und mit der Brühe ablöschen. Das Ganze mit Salz und Pfeffer würzen, etwa 15 Minuten bei mittlerer Hitze und geschlossenem Deckel schmoren lassen.
Dann alles in Gläser füllen und bei 98 °C 1 Stunde sterilisieren lassen.

K

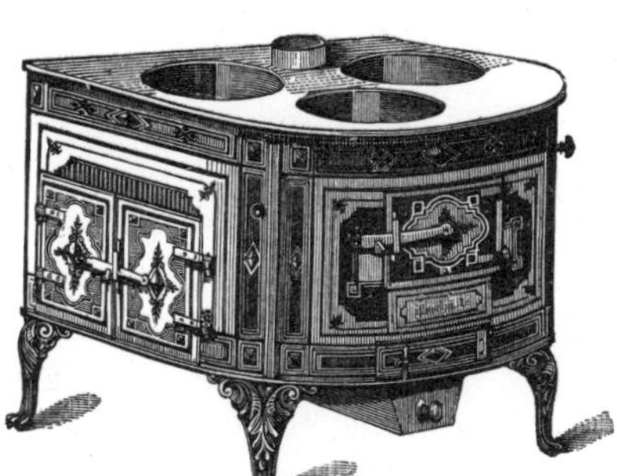

Kalbfleisch, eingemachtes

Für 4–8 Gläser, je nach Glasgröße
Zubereitungszeit: 15 Minuten
Koch- & Sterilisierzeit: ca. 2 Stunden

Einkaufsliste/Zutaten

1 kg Kalbfleisch (Brust oder Bug)
1 El Butterschmalz
200 ml Weißweinessig
2 Gewürznelken
1 Lorbeerblatt
Salz
Pfeffer

Vorküche

Das Fleisch waschen, trockentupfen und in etwa 2 cm große Stücke schneiden.

Zubereitung

Das Butterschmalz in einem Topf erhitzen und die Fleischstücke darin kurz anbraten. Mit 500 ml Wasser, Essig und den Gewürzen ablöschen und bei mittlerer Hitze etwa 35 Minuten köcheln lassen. Alles in Gläser füllen und bei 98 °C 1½ Stunden sterilisieren.

Merkzettel

Kalbfleisch ist das Fleisch von wenige Wochen bis Monate alten Rindern. Es ist zarter und heller als Rindfleisch.

Kirschkompott

Für 6–8 Gläser, je nach Glasgröße
Zubereitungszeit: 10 Minuten
Koch- & Sterilisierzeit: 40 Minuten

Einkaufsliste/Zutaten

2 kg Süßkirschen
500 g Zucker

Vorküche

Die Kirschen verlesen, waschen, von den Stielen befreien und gut abtropfen lassen.

Zubereitung

Den Zucker mit 1,5 l Wasser zum Kochen bringen, abschäumen und die Kirschen darin kurz aufkochen lassen.
Alles in Gläser füllen und bei 75 °C 30 Minuten sterilisieren lassen.

Merkzettel

Wenn Sie möchten, können Sie die Kirschen vor der Verarbeitung auch entsteinen.

Knoblauch, eingelegter

Für 4–6 Gläser, je nach Glasgröße
Zubereitungszeit: 20 Minuten
Kochzeit: einige Minuten

Einkaufsliste/Zutaten

250 g Knoblauch
250 ml Weißweinessig
1 Tl Pfefferkörner
1 Tl Zucker
1 Tl Salz
Olivenöl zum Bedecken

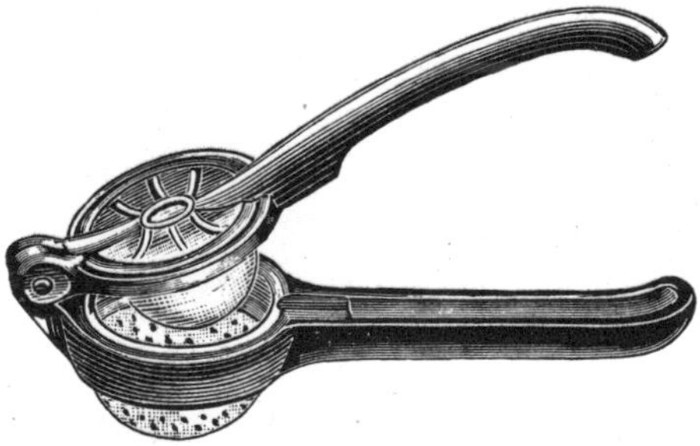

Vorküche

Den Knoblauch pellen.

Zubereitung

In einem Topf den Essig mit 3 El Wasser und den Gewürzen kurz aufkochen. Den Knoblauch dazugeben, den Topf von der Herdplatte nehmen und 10 Minuten ziehen lassen.
Den Knoblauch mit der Essigbrühe in Gläser füllen und mit dem Öl aufgießen.

Merkzettel

Knoblauch ist gesund! Er wirkt antisklerotisch und hemmt die Verklumpung der roten Blutkörperchen.

Kürbis, eingemachter

Für 6–8 Gläser, je nach Glasgröße
Zubereitungszeit: 20 Minuten (ohne Wartezeit)
Koch- & Sterilisierzeit: 45 Minuten

Einkaufsliste/Zutaten

1 kg Kürbisfleisch
250 ml Weißweinessig
3 rote Peperoni
375 g Einmachzucker
Salz
1 Tl Pfefferkörner

Vorküche

Das Kürbisfleisch in kleine Würfel schneiden
und in eine Schüssel füllen.
Den Essig mit 250 ml Wasser in einem Topf
aufkochen und heiß über die Kürbisstücke gießen.
Das Ganze über Nacht ziehen lassen.
Die Peperoni waschen und halbieren.
Die Stiele entfernen.

Zubereitung

Die Kürbisstücke abgießen, den Essig auffangen
und aufkochen. Die Gewürze, Peperoni und den Kürbis
dazugeben und zusammen etwa 15 Minuten bei
mittlerer Hitze köcheln lassen.
Alles in Gläser füllen und bei 75 °C
30 Minuten sterilisieren.

Merkzettel

Kürbissamen enthält viel Kalium, Zink und Vitamin E.

Kürbiskompott

Für 4–6 Gläser, je nach Glasgröße
Zubereitungszeit: 15 Minuten
Koch- & Sterilisierzeit: 1 Stunde

Einkaufsliste/Zutaten

600 g Kürbisfleisch
350 g Zucker
1 Päckchen Vanillezucker
Saft einer Zitrone
1 Msp. Nelkenpulver
4 El Himbeeressig

Vorküche

Den Kürbis in gleich große Stücke schneiden.

Zubereitung

In einem Topf die Gewürze mit 350 ml Wasser zum Kochen bringen. Die Kürbisstücke dazugeben und bei mittlerer Hitze etwa 30 Minuten köcheln lassen.

Alles in Gläser füllen und bei 75 °C 30 Minuten sterilisieren.

Merkzettel

Wie die Gurke und die Tomate zählt der Kürbis botanisch zu den Beeren.

L

Leberwurst, eingemachte

Für 8–10 Gläser oder mehr, je nach Glasgröße
Zubereitungszeit: 1½ Stunden (ohne Wartezeit)
Sterilisierzeit: 2 Stunden

Einkaufsliste/Zutaten

1,5 kg Schweineleber
1,5 kg Schweinebauch mit Schwarte
200 g mageres Schweinefleisch
3 große Zwiebeln
Salz
1 El Butterschmalz
350 ml Fleischbrühe
Pfeffer
Majoran (Menge nach Belieben)

Vorküche

Leber, Schweinebauch und Schweinefleisch waschen und trockentupfen. Die Zwiebeln schälen und in kleine Würfel schneiden.

Das Bauchfleisch in Salzwasser bei mittlerer Hitze etwa 1 Stunde garen lassen. Die Brühe abgießen und das Fleisch abkühlen lassen.

Zwischenzeitlich das Schweinefleisch in Würfel schneiden und mit den Zwiebeln in ausgelassenem Butterschmalz anbraten. Mit der Brühe ablöschen und 30 Minuten bei kleiner Hitze gar schmoren lassen. Aus der Fleischbrühe nehmen und abkühlen lassen. Die Brühe beiseite stellen, wird noch benötigt.

Etwas Wasser in einem Topf aufkochen, die Leber hineingeben, den Topf von der Herdplatte ziehen und das Fleisch in dem Wasser 10 Minuten ziehen lassen. Die Leber aus dem Topf nehmen und abkühlen lassen.

Zubereitung

Das Bauch- und Schweinefleisch mit den Zwiebeln und die Leber durch den Fleischwolf (grobe Scheibe) drehen. Mit Salz, Pfeffer und Majoran würzen und nochmals durch den Fleischwolf (feine Scheibe) drehen. Das Ganze abschmecken, mit der Fleischbrühe (250 ml Flüssigkeit, eventuell etwas Brühe dazugeben) vermischen und noch einmal durch die feine Scheibe drehen. Dabei soll ein feiner, glatter Brei entstehen. Alles in Gläser füllen (die Glasränder nicht mit Wurstmasse versehen, da sonst kein Vakuum entsteht) und bei 98 °C 2 Stunden sterilisieren.

M

Mais-Relish

Für 4–6 Gläser, je nach Glasgröße
Zubereitungszeit: 15 Minuten (ohne Wartezeit)
Kochzeit: 30 Minuten

Einkaufsliste/Zutaten

10 frische Maiskolben
2 rote Paprikaschoten
3 Schalotten
1 Tl Senfkörner
300 g brauner Zucker
1 Tl Salz
250 ml Weißweinessig
1 Tl Currypulver

Vorküche

Den Mais waschen, von überflüssigen Fäden befreien und von den Kolben lösen.
Die Paprikaschoten waschen, halbieren, entkernen und in kleine Würfel schneiden.
Die Schalotten pellen und fein hacken.
Die Senfkörner im Mörser zerstoßen.

Zubereitung

Alle Zutaten und 250 ml Wasser in einen Topf geben und 30 Minuten bei mittlerer Hitze unter ständigem Rühren köcheln lassen.
Sofort in Gläser füllen und verschließen.
Vor dem Verzehr mindestens 3–4 Wochen an einem kühlen Ort ziehen lassen.

Merkzettel

Sie können das Relish auch scharf zubereiten.
Geben Sie einfach noch frische Peperoni hinzu.

Melonenkompott

Für 4 Gläser oder mehr, je nach Glasgröße
Zubereitungszeit: 15 Minuten
Koch- & Sterilisierzeit: 45 Minuten

Einkaufsliste/Zutaten

2 große Honigmelonen
Salz
400 g Zucker
1 Päckchen Vanillezucker

Vorküche

Die Melonen halbieren, die Kerne herauslösen, schälen und das Fruchtfleisch in etwa 2 cm große Stücke schneiden.

Zubereitung

Die Melonenstücke in kaltem Salzwasser kurz aufkochen lassen. Die Fruchtstücke sofort aus dem Wasser nehmen, abtropfen lassen und in Gläser schichten.
In einem Topf 1 l Wasser mit dem Zucker und Vanillezucker etwa 10 Minuten zu einem Sud kochen.
Den Sud zu den Melonen gießen und bei 80 °C 30 Minuten sterilisieren.

Merkzettel

Sie können auch Netz-, Gala- oder Zuckermelonen verarbeiten.

Mettwurst, eingemachte

Für 6 Gläser oder mehr, je nach Glasgröße
Zubereitungszeit: 10 Minuten
Sterilisierzeit: 2 Stunden

Einkaufsliste/Zutaten
1 kg Schweinefleisch
500 g Schweinebauch (ohne Schwarte)
1 El Salz
1 Tl Pfeffer

Vorküche

Das Fleisch waschen und gut trockentupfen.

Zubereitung

Schweinefleisch und Bauchfleisch grob in Stücke schneiden und durch den Fleischwolf (mittlere Scheibe) drehen. Die Masse mit Salz und Pfeffer würzen, kräftig durchmischen und in Gläser füllen. Bei 95 °C 2 Stunden sterilisieren lassen.

Merkzettel

Sie können der Mettwurst nach Belieben auch noch andere Gewürze (Thymian, Estragon, Majoran) zufügen.

Mirabellenkompott

Für 6–8 Gläser, je nach Glasgröße
Zubereitungszeit: 15 Minuten
Kochzeit: 35 Minuten

Einkaufsliste/Zutaten

2 kg Mirabellen
500 g Zucker

Vorküche

Die Mirabellen waschen, abtropfen lassen und mit einem Zahnstocher mehrfach einstechen, damit sie nicht platzen. Die Früchte in Gläser schichten.

Zubereitung

In einem Topf 1 l Wasser mit dem Zucker aufkochen lassen und über die Mirabellen gießen.
Bei 75 °C 30 Minuten sterilisieren lassen.

Merkzettel

Die Mirabelle ist eine Unterart der Pflaume und reift je nach Klima in Mitteleuropa von Juli bis September.

Möhren, eingemachte

Für 6–8 Gläser, je nach Glasgröße
Zubereitungszeit: 20 Minuten
Koch- & Sterilisierzeit: 65 Minuten

Einkaufsliste/Zutaten

1 kg Möhren
Salz
1 Tl Zucker

Vorküche

Die Möhren waschen, schälen und in Scheiben schneiden.

Zubereitung

Die Möhren in etwas Salzwasser und mit dem Zucker etwa 5 Minuten vorkochen. Aus dem Wasser nehmen und in Gläser füllen.
1 l leicht gesalzenes Wasser zum Kochen bringen und über die Möhren gießen.
Bei 98 °C 1 Stunde sterilisieren lassen.

Merkzettel

Sie können die Möhren auch roh einmachen. Dazu das Gemüse wie gewohnt putzen, klein schneiden und in die Gläser schichten. Mit leicht gesalzenem Wasser und bei gleicher Temperatur und Zeit sterilisieren.

P

Paprika, eingelegte

Für 2–4 Gläser, je nach Glasgröße
Zubereitungszeit: 25 Minuten (ohne Wartezeit)
Bratzeit: ca. 8 Minuten

Einkaufsliste/Zutaten

5 Paprikaschoten (rote, gelbe oder grüne nach Belieben)
4–5 Knoblauchzehen
3 frische Rosmarinzweige
150 g schwarze Oliven (ohne Kern)
700 ml Olivenöl
Salz
Pfeffer

Vorküche

Die Paprikaschoten waschen, trockentupfen,
von den weißen Häuten und Kernen befreien
und in Streifen schneiden.
Den Knoblauch pellen und in feine Scheiben schneiden.
Rosmarin waschen, trockenschütteln und die Blättchen
von den Zweigen abzupfen.
Die Oliven abtropfen lassen und in Scheiben schneiden.

Zubereitung

2 El Öl in einer Pfanne erhitzen und die Paprikastreifen
darin etwa 8 Minuten braten, mit Salz und Pfeffer
würzen und abkühlen lassen.
Die Paprika mit Oliven, Rosmarin und Knoblauch mischen
und in ein hohes Glas füllen. Das restliche Öl aufgießen
und vor dem Verzehr mindestens 1 Tag (besser länger)
durchziehen lassen.

Merkzettel

Paprika ist, aller Formen und Farben zum Trotz,
eine Beerenfrucht und reich an Vitamin C.

Paprikaschoten, eingemachte

Für 8 Gläser oder mehr, je nach Glasgröße
Zubereitungszeit: 20 Minuten
Koch- & Sterilisierzeit: 65 Minuten

Einkaufsliste/Zutaten
1 kg unterschiedlich große Paprikaschoten
(nach Belieben grüne, gelbe, rote)
Salz

Vorküche

Die Paprikaschoten waschen und an der Kuppe flach aufschneiden. Die Kerne entfernen.

Zubereitung

Die Paprikaschoten in schwach gesalzenem Wasser etwa 5 Minuten kochen lassen.
Herausnehmen, wenn möglich ineinander stecken (eine kleine in eine größere Schote) und in Gläser setzen.
Schwach gesalzenes Wasser zum Kochen bringen, etwas abkühlen lassen und über die Paprikaschoten gießen.
Bei 98 °C 1 Stunde sterilisieren.

Merkzettel

Bei dieser Verarbeitung können Sie die Paprikaschoten später zum Beispiel mit Reis oder Gehacktem füllen.

Perlzwiebeln

Für 4–8 Gläser, je nach Glasgröße
Zubereitungszeit: 25 Minuten
Kochzeit: 10 Minuten

Einkaufsliste/Zutaten

500 g Perlzwiebeln
500 ml Weißweinessig
Jeweils ½ Tl Senf- und Pfefferkörner
1 Tl Zucker
1 El Salz

Vorküche

Die Perlzwiebeln pellen und in etwas Wasser etwa 10 Minuten köcheln lassen. Das Wasser abgießen und die Zwiebeln in Gläser füllen.

Zubereitung

Die übrigen Zutaten aufkochen und sofort über die Perlzwiebeln gießen. Das Ganze abkühlen lassen und erst dann die Gläser verschließen.

Merkzettel

Das Pellen der kleinen Zwiebelchen verlangt viel Geduld. Einfacher geht es, wenn man sie zuerst mit kochendem Wasser übergießt.

Pflaumenkompott

Für 6–8 Gläser oder mehr, je nach Glasgröße
Zubereitungszeit: 15 Minuten
Koch- & Sterilisierzeit: 40 Minuten

Einkaufsliste/Zutaten

2 kg Pflaumen
500 g Zucker
Zimt (Menge nach Belieben)

Vorküche

Die Pflaumen waschen, halbieren und vom Kern befreien.

Zubereitung

Den Zucker und Zimt mit 1,5 l Wasser zum Kochen bringen.
Die Pflaumen dazugeben, den Topf von der Herdplatte nehmen
und alles einige Minuten ziehen lassen.
Das Ganze in Gläser füllen und bei 75 °C 30 Minuten sterilisieren.

Merkzettel

Sie können die Pflaumen auch mit »Schwipps« zubereiten.
Verarbeiten Sie Rum, Cognac oder Arrak unter die Pflaumen.
Das gibt dem Kompott eine besonders herzhafte Note.

Porree, eingelegter

Für 4–6 Gläser, je nach Glasgröße
Zubereitungszeit: 25 Minuten (ohne Wartezeit)
Kochzeit: 10 Minuten

Einkaufsliste/Zutaten

1 kg Porree
500 ml Weißweinessig
10–12 Pfefferkörner
1 Lorbeerblatt
1 Tl Zucker
1 El Salz

Vorküche

Die Lauchstangen von den äußeren Blättern und vom Wurzelansatz befreien und in etwa 3 cm lange Stücke schneiden. Gründlich waschen und abtropfen lassen.

Zubereitung

In einem Topf den Porree mit leicht gesalzenem Wasser 10 Minuten nicht zu weich kochen, abgießen, abtropfen lassen und in eine Schüssel füllen.
Die restlichen Zutaten mit 125 ml Wasser aufkochen, über den Porree gießen und über Nacht stehen lassen. Am folgenden Tag die Flüssigkeit abgießen, dabei auffangen, das Lorbeerblatt entfernen und nochmals aufkochen. Den Porree in Gläser geben, mit der Marinade auffüllen und gut verschließen.

Merkzettel

Porree, im deutschsprachigen Raum häufig einfach als Lauch bezeichnet, zählt zu den Gemüsen.

R

Rhabarber-Erdbeer-Kompott

Für 6–8 Gläser oder mehr, je nach Glasgröße
Zubereitungszeit: 30 Minuten
Koch- & Sterilisierzeit: 40 Minuten

Einkaufsliste/Zutaten

1 kg Rhabarber
1 kg Erdbeeren
500 g Zucker

Vorküche

Den Rhabarber schälen, in etwa 3 cm große Stücke schneiden und waschen.
Die Erdbeeren verlesen, waschen und von den grünen Stielen befreien.

Zubereitung

Den Rhabarber in einen großen Topf füllen und langsam erhitzen. Wenn der Rhabarber Wasser gezogen hat, die Temperatur erhöhen, die Erdbeeren dazugeben und alles kurz aufkochen. Den Zucker dazugeben und unterrühren.
Das Kompott in Gläser füllen und bei 80 °C 30 Minuten sterilisieren lassen.

Merkzettel

Sie können dem Kompott je nach Geschmack auch 3–4 Päckchen Vanillezucker dazugeben.

Rosenkohl, eingemachter

Für 4–6 Gläser, je nach Glasgröße
Zubereitungszeit: 20 Minuten
Koch- & Sterilisierzeit: ca. 65 Minuten

Einkaufsliste/Zutaten

800 g Rosenkohl
Salz

Vorküche

Den Rosenkohl wie gewohnt putzen, waschen und abtropfen lassen.

Zubereitung

Den Rosenkohl in leicht gesalzenem Wasser etwa 5 Minuten kochen lassen.
Den Rosenkohl abgießen und in Gläser schichten.
Mit frischem Salzwasser begießen und bei 98 °C 1 Stunde sterilisieren lassen.

Merkzettel

Verarbeiten Sie den Rosenkohl, wenn er nach dem ersten Frost geerntet wurde. Der Frost lässt den Zuckergehalt der feinen »Röschen« hochschnellen. Das verhilft dem Gemüse zu einer geschmacklichen Qualitätsverbesserung.

Rote Bete, eingelegte

Für 1 hohes Glas
Zubereitungszeit: 35 Minuten
Kochzeit: 30 Minuten

Einkaufsliste/Zutaten

500 g Rote Bete
3 Zwiebeln
500 ml Weißweinessig
10–12 Pfefferkörner
1 Tl Kümmel
½ Tl Zucker
½ Tl Salz

Vorküche

Die Rote Bete gründlich waschen und in einem großen Topf mit Wasser bedeckt etwa 30 Minuten nicht zu weich kochen. Die Zwiebeln schälen und in feine Ringe schneiden.

Zubereitung

Die abgekühlte Rote Bete schälen, in Scheiben schneiden und in das Glas füllen.
Den Essig mit 125 ml Wasser und den Gewürzen und Zwiebelringen kurz aufkochen lassen und über die Rote-Bete-Scheiben gießen.
Das Glas erst nach dem Abkühlen schließen.

Merkzettel

Rote Bete färbt beim Schälen die Hände rot.
Arbeiten Sie deshalb mit Haushaltshandschuhen.

Rotkohl, eingemachter

Für 4–6 Gläser, je nach Glasgröße
Zubereitungszeit: 25 Minuten
Koch- & Sterilisierzeit: ca. 70 Minuten

Einkaufsliste/Zutaten

2 Rotkohlköpfe
125 ml Rotweinessig
Salz
½ Tl Zucker

Vorküche

Den Rotkohl von den äußeren Blättern befreien, halbieren und den Strunk herausschneiden. Den Kohl in feine Streifen schneiden, waschen und abtropfen lassen.

Zubereitung

In einem großen Topf den Essig mit der gleichen Menge Wasser zum Kochen bringen. Den Rotkohl dazugeben und mit Salz und Zucker würzen. Kurz aufkochen lassen und abschütten. Den Rotkohl in Gläser geben und mit frischem heißem Wasser zu ¾ der Glashöhe aufgießen. Bei 98 °C 1 Stunde sterilisieren lassen.

Merkzettel

Der Essig sorgt nicht nur für den Geschmack, durch ihn behält der Rotkohl seine rote Farbe.

S

Sauerfleisch, eingemachtes

Für 4–6 Gläser, je nach Glasgröße
Zubereitungszeit: 30 Minuten
Koch- & Sterilisierzeit: ca. 3 Stunden

Einkaufsliste/Zutaten

1 kg Schweinebauch
1 Eisbein
2 Zwiebeln
125 ml Weißweinessig
125 ml trockener Weißwein
1 Lorbeerblatt
8–10 Wacholderbeeren
Salz
Pfeffer
1 Prise Zucker

Vorküche

Das Fleisch waschen und trockentupfen.
Die Zwiebeln schälen und grob in Stücke schneiden.

Zubereitung

Das Fleisch mit Essig, Weißwein, den Gewürzen und 500 ml Wasser zum Kochen bringen und in etwa 60–70 Minuten weich kochen.
Das Fleisch aus dem Topf heben und den Schweinebauch in mundgerechte Stücke schneiden, das Eisbein vom Knochen lösen und ebenfalls in Stücke schneiden.
Das Fleisch in Gläser schichten und mit der durchgesiebten Brühe auffüllen.
Bei 98 °C 2 Stunden sterilisieren lassen.

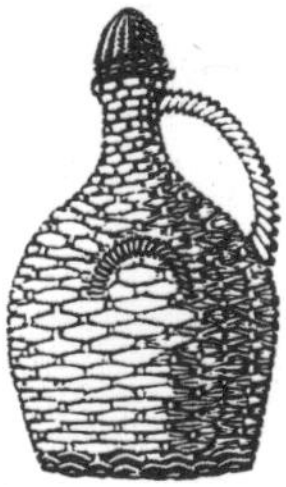

Sauerkirschkompott

Für 6–8 Gläser, je nach Glasgröße
Zubereitungszeit: 25 Minuten
Koch- & Sterilisierzeit: 35 Minuten

Einkaufsliste/Zutaten

2 kg Schattenmorellen
700 g Zucker

Vorküche

Die Kirschen verlesen, waschen, von den Stielen befreien und entsteinen.

Zubereitung

In einem Topf 1,5 l Wasser mit dem Zucker aufkochen und abschäumen. Die Kirschen dazugeben und kurz aufkochen lassen.
Das Kirschkompott in Gläser füllen und bei 75 °C 25 Minuten sterilisieren lassen.

Merkzettel

Die Schattenmorelle ist die weltweit am meisten angebaute Sauerkirschensorte.

Schafskäse, eingelegter

Für 1 hohes Glas
Zubereitungszeit: 15 Minuten (ohne Wartezeit)

Einkaufsliste/Zutaten

400 g Schafskäse
3 Knoblauchzehen
Jeweils ½ Bund Thymian und Rosmarin
Jeweils 1 rote und grüne Peperoni
12 schwarze Pfefferkörner
500 ml Olivenöl

Vorküche

Den Schafskäse in mundgerechte Stücke schneiden.
Den Knoblauch pellen und in Scheiben schneiden.
Die Kräuter waschen, gut trockentupfen und grob zerkleinern.
Die Peperoni waschen, die Stiele abschneiden und in Ringe schneiden.

Zubereitung

Den Schafskäse mit Kräutern, Peperoni und Pfefferkörnern in ein hohes Glas schichten und mit Olivenöl aufgießen, bis alles bedeckt ist.
Vor dem Verzehr wenigstens 3, besser 7 Tage im Kühlschrank ziehen lassen.

Merkzettel

Schafskäse unterscheidet sich vor allem durch den stärkeren Geruch und Geschmack von Käse aus Kuhmilch.

Schmorgurken, eingelegte

Für mindestens 4 Gläser oder mehr, je nach Glasgröße
Zubereitungszeit: 20 Minuten (ohne Wartezeit)
Kochzeit: einige Minuten

Einkaufsliste/Zutaten

1,5 kg Schmorgurken
2 El Salz
2 rote Chilischoten
250 ml Weißweinessig
80 g Honig
50 g Rosinen

Vorküche

Die Gurken waschen, schälen, längs halbieren und entkernen. Die Gurkenhälften in Streifen schneiden und mit Salz bestreut 1 Stunde ziehen lassen. Die Chilischoten waschen, längs halbieren, die Stiele entfernen, eventuell entkernen (mögen Sie es lieber scharf, belassen Sie die Kerne).

Zubereitung

Den Essig mit 500 ml Wasser und Honig in einem Topf aufkochen lassen. Die Gurken abtropfen lassen und mit den Rosinen und Chilischoten in ein Glas schichten. Den Essigsud über die Gurken gießen. Vor dem Verzehr an einem kühlen Ort mindestens 3 Tage durchziehen lassen.

Merkzettel

Das vielseitige und erfrischende Fruchtgemüse hat einen Wassergehalt von 97 % und ist sehr kalorienarm.

Schwarzwurzeln, eingemachte

Für 4–6 Gläser, je nach Glasgröße
Zubereitungszeit: 20 Minuten
Koch- & Sterilisierzeit: ca. 1½ Stunden

Einkaufsliste/Zutaten

1 kg Schwarzwurzeln
Saft von 2 Zitronen
Salz
30 ml Weißweinessig

Vorküche

Die Schwarzwurzeln schaben, gründlich waschen und sofort in Zitronenwasser legen. Die Schwarzwurzeln gegebenenfalls halbieren.

Zubereitung

In einem Topf leicht gesalzenes Wasser zum Kochen bringen. Essig und Schwarzwurzeln hineingeben und 5 Minuten kochen lassen.
Das Gemüse in einem Sieb abgießen, mit kaltem Wasser begießen und abtropfen lassen.
Die Schwarzwurzeln in Gläser füllen und mit leicht gesalzenem, kochendem Wasser begießen und bei 98 °C 1 ½ Stunden sterilisieren.

Merkzettel

Da das Gemüse nach dem Schaben schnell oxidiert, sollte es sofort in Zitronen- oder Essigwasser gelegt werden. So behält die Schwarzwurzel ihre weißliche Färbung.

Schweinesülze, eingemachte

Für 6–8 Gläser, je nach Glasgröße
Zubereitungszeit: 15 Minuten
Koch- & Sterilisierzeit: 3 Stunden

Einkaufsliste/Zutaten

1 kg Schweinefleisch (Keule)
2 Schweinefüße
2 Zwiebeln
250 ml Weißwein
250 ml Weißweinessig
1 Lorbeerblatt
Salz

Vorküche

Das Fleisch und die Füße waschen und abtropfen lassen. Die Zwiebeln schälen und grob in Stücke schneiden. In einem großen Topf das Fleisch mit Zwiebeln und den restlichen Zutaten in etwa 1½ Stunden weich kochen.

Zubereitung

Das Fleisch aus dem Topf heben, die Füße vom Knochen trennen und alles in mundgerechte Stücke schneiden. Die Brühe durch ein feines Sieb gießen. Das Fleisch in Gläser verteilen, mit der Brühe begießen und bei 98 °C 1½ Stunden sterilisieren.

Merkzettel

Sie können die Sülze auch mit Wildschwein zubereiten.

Senfgurken

Für 4–6 Gläser, je nach Glasgröße
Zubereitungszeit: 25 Minuten
Kochzeit: einige Minuten

Einkaufsliste/Zutaten

1 kg Einmachgurken
3 Zwiebeln
2 Bund Dill
250 ml Weißweinessig
400 g mittelscharfer Senf
100 g Zucker
1 Tl schwarzer Pfeffer

Vorküche

Die Gurken gründlich waschen. Die Zwiebeln schälen und in Würfel schneiden. Den Dill waschen, trockenschütteln und grob zerkleinern.

Zubereitung

Essig, Senf, Zucker und Pfeffer langsam aufkochen, die Gurken mit Zwiebeln und Dill dazugeben und kurz aufkochen lassen.
Das Ganze in Gläser füllen und sofort verschließen.

Spargel, eingemachter

Für 4–8 Gläser, je nach Glasgröße
Zubereitungszeit: 25 Minuten
Koch- & Sterilisierzeit: 1¾ Stunden

Einkaufsliste/Zutaten

1 kg Spargel (nicht zu dicke Stangen)
Salz
1 Prise Zucker

Vorküche

Den Spargel wie gewohnt gründlich schälen und waschen. Den Spargel in gleich lange Stücke (Glaslänge) schneiden.

Zubereitung

In einem großen Topf Salzwasser mit Zucker zum Kochen bringen. Den Spargel in das kochende Wasser legen und etwa 10 Minuten bei mittlerer Hitze köcheln lassen.
Den Spargel aus dem Wasser nehmen und mit den Köpfen nach oben in die Gläser füllen.
Mit leicht gesalzenem, kochendem Wasser auffüllen und bei 98 °C 1½ Stunden sterilisieren lassen.

Merkzettel

Achten Sie bei Ihrem Einkauf darauf, dass die Spargelenden feucht sind, das ist ein Zeichen für die Frische des Edelgemüses.

T

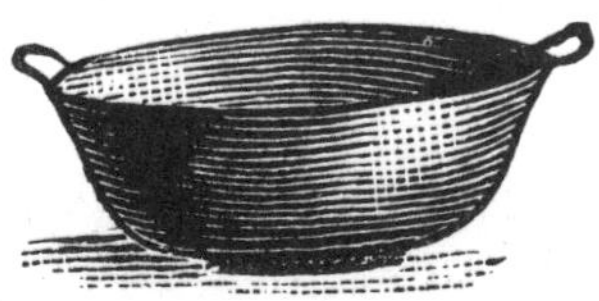

Tomaten, eingelegte

Für 2–4 Gläser, je nach Glasgröße
Zubereitungszeit: 40 Minuten (ohne Wartezeit)

Einkaufsliste/Zutaten

Jeweils ½ Bd. Rosmarin, Zitronenmelisse und Thymian
8 Flaschentomaten (oder entsprechend mehr Strauchtomaten)
3 Knoblauchzehen
2 Zwiebeln
2 rote Peperoni
4 El Balsamico
4 El Gemüsefond
Salz
Pfeffer
1⅛ l Olivenöl

Vorküche

Die Kräuter gründlich waschen, gut trocknen und fein hacken.
Die Tomaten heiß überbrühen, häuten und halbieren.
Knoblauchzehen und Zwiebeln schälen und sehr fein hacken.
Die Peperoni waschen, trockentupfen, den Stiel abschneiden und die Peperoni in kleine Würfel schneiden.

Zubereitung

Die Tomaten mit Kräutern, Knoblauch, Zwiebeln und Peperoni in Gläser schichten.
Den Balsamico mit Gemüsefond, Salz, Pfeffer und Öl mischen und über die Tomaten gießen.
Die Tomaten vor dem Verzehr an einem kühlen Ort 2 Tage stehen lassen.

Merkzettel

Die Tomate wird in Österreich auch Paradeiser oder Paradiesapfel genannt.

Tomaten süßsauer

Für 6–8 Gläser, je nach Glasgröße
Zubereitungszeit: 15 Minuten
Koch- & Sterilisierzeit: ca. 24 Minuten

Einkaufsliste/Zutaten

1 kg Tomaten (nicht zu reif)
1 l Weißweinessig
250 g Zucker
1 Lorbeerblatt
Salz
Pfeffer

Vorküche

Die Tomaten waschen und mit einer Gabel mehrfach einstechen.

Zubereitung

Die Tomaten mit den restlichen Zutaten in einen Topf geben und etwa 3–4 Minuten kochen lassen.
Die Tomaten herausnehmen und in Gläser schichten.
Den Essigsud nochmals kräftig aufkochen lassen und dann über die Tomaten gießen. Bei 80 °C 20 Minuten sterilisieren lassen.

Merkzettel

In Mittelamerika wurden die Tomaten schon von den Azteken und Inkas etwa 200 v. Chr. bis 700 n. Chr. kultiviert.

Tomaten, eingemachte

Für 4–8 Gläser, je nach Glasgröße
Zubereitungszeit: 20 Minuten
Koch- & Sterilisierzeit: 30 Minuten

Einkaufsliste/Zutaten

1 kg Tomaten
Salz

Vorküche

Die Tomaten waschen, mit kochendem Wasser überbrühen und die Haut abziehen.

Zubereitung

Die Tomaten in Gläser füllen, mit leicht gesalzenem Wasser begießen und bei 85 °C 30 Minuten sterilisieren.

Tomatenchutney

Für 4–6 Gläser, je nach Glasgröße
Zubereitungszeit: 30 Minuten
Kochzeit: 10 Minuten

Einkaufsliste/Zutaten

1 kg Tomaten
6 rote Chilischoten
1 kleines Stück Ingwer
30 ml Weißweinessig
100 g Zucker
Salz
Pfeffer

Vorküche

Die Tomaten waschen, mit kochendem Wasser überbrühen, die Haut abziehen und in Viertel schneiden. Die Chilischoten waschen und in kleine Stücke schneiden.
Den Ingwer schälen und fein reiben.

Zubereitung

Sämtliche Zutaten mit 50 ml Wasser in einen Topf geben und aufkochen lassen, gegebenenfalls abschäumen. Bei kleiner Hitze und geöffnetem Deckel so lange weiter einkochen lassen, bis eine dickliche Masse entsteht. Heiß in Gläser füllen und verschließen.

Merkzettel

Hauptbestandteil der Tomate ist Wasser (etwa 95 %).

Z

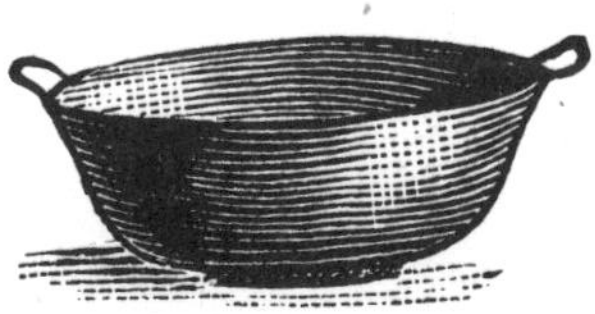

Ziegenkäse, eingelegter

Für 1 hohes Glas
Zubereitungszeit: 20 Minuten (ohne Wartezeit)

Einkaufsliste/Zutaten

Jeweils ½ Bund Thymian, Basilikum, Petersilie
4 Knoblauchzehen
500 g Ziegenkäse
1 Tl schwarze Pfefferkörner
400 ml Olivenöl

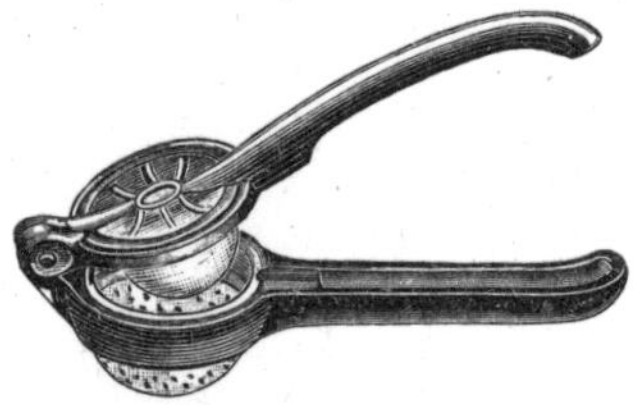

Vorküche

Die Kräuter waschen, gut abtropfen lassen.
Die Thymianblättchen von den Stielen zupfen.
Die größeren Basilikumblätter fein schneiden
und die Petersilie fein hacken. Den Knoblauch pellen
und in feine Scheiben schneiden.
Den Ziegenkäse in mundgerechte Stücke schneiden.

Zubereitung

Den Käse mit den Kräutern, dem Knoblauch
und Pfeffer in ein großes Glas geben und mit
dem Öl aufgießen.
Vor dem Verzehr mindestens 3 Tage ziehen lassen.

Merkzettel

Der Fettanteil und der Anteil an Milcheiweiß
von Ziegenmilch ist geringer als der von Kuhmilch.

Zitronen, eingelegte und gefüllte

Für 2–4 Gläser, je nach Glasgröße
Zubereitungszeit: 20 Minuten

Einkaufsliste/Zutaten

24 kleine, dünnschalige unbehandelte Zitronen
300 g grobes Salz

Für die Füllung

250 g Knoblauch, zerdrückt
2 El Ingwer
1 g Safran
2 El Curry
5 Zweige Thymian
Öl nach Bedarf

Vorküche

Die Zitronen heiß abwaschen und der Länge nach in 4 Teile einschneiden – aber nicht durchschneiden. Großzügig mit grobem Salz füllen, in Gläser schichten und 3 Wochen ziehen lassen. Die Zitronen jeden zweiten Tag umdrehen.
Dann die Zitronen in ein Sieb geben und mit klarem Wasser abspülen, ohne die Haut zu verletzen, um das Salz und die Kerne zu entfernen.
Die Zitronen auf einem Tuch möglichst in der Sonne oder an einem warmen, trockenen Ort 3 Tage trocknen lassen. Täglich einmal umdrehen.

Zubereitung

Die Zutaten für die Füllung gut vermischen und im Mörser zerdrücken. Die Zitronen in den Spalten damit füllen und mit der Öffnung nach oben sehr eng in Gläser schichten. Darüber sehr heißes Öl gießen, bis alle Zitronen ganz bedeckt sind. Erkalten lassen, gut verschließen und 3 Wochen durchziehen lassen.

Merkzettel

Eingelegte Zitronen schmecken besonders gut zu gegrilltem Fleisch, aber auch zu Fisch und Geflügel.

Zucchini, eingemachte

Für 4–6 Gläser, je nach Glasgröße
Zubereitungszeit: 20 Minuten
Koch- & Sterilisierzeit: 40 Minuten

Einkaufsliste/Zutaten
1 kg Zucchini
Salz

Vorküche

Die Zucchini waschen und von Stielenden und Spitzen befreien. Das Gemüse in etwa fingerdicke Scheiben schneiden.

Zubereitung

In einem Topf etwas leicht gesalzenes Wasser zum Kochen bringen und die Zucchini darin etwa 10 Minuten bei mittlerer Hitze köcheln lassen. Die Zucchini in Gläser füllen, mit dem Kochwasser begießen und bei 98 °C 30 Minuten sterilisieren lassen.

Merkzettel

Zucchini haben wenig Eigengeschmack. Deshalb bei der Zubereitung nicht mit Knoblauch, Dill oder anderen Gewürzen geizen.

Zwiebel-Apfel-Chutney

Für 6–8 Gläser, je nach Glasgröße
Zubereitungszeit: 20 Minuten
Kochzeit: 40 Minuten

Einkaufsliste/Zutaten

1 kg Zwiebeln
1 kg Äpfel
200 g Rosinen
750 ml Obstessig
2 El Salz
500 g Zucker
½ Tl Cayennepfeffer

Vorküche

Die Zwiebeln schälen und grob in Stücke schneiden. Die Äpfel waschen, schälen, halbieren, das Kerngehäuse entfernen und die Apfelhälften ebenfalls grob in Stücke schneiden. Die Rosinen abbrausen, abtropfen lassen und fein hacken.

Zubereitung

Obstessig mit Salz, Zucker und Cayennepfeffer aufkochen. Die Zwiebel- und Apfelstücke mit den Rosinen dazugeben und aufkochen lassen. Das Ganze bei mittlerer Hitze unter Rühren etwa 40 Minuten köcheln lassen. Heiß in Gläser füllen.

Zwiebeln, eingelegte

Für 4–6 Gläser, je nach Glasgröße
Zubereitungszeit: 30 Minuten (ohne Wartezeit)
Kochzeit: 2 Minuten

Einkaufsliste/Zutaten

1 kg kleine Zwiebeln
4 El Salz
500 ml Weißweinessig
½ Tl gemahlene Nelken
Pfeffer

Vorküche

Die Zwiebeln schälen und mit dem Salz bestreuen, gut vermischen, sodass alle Zwiebeln bedeckt sind und 2 Tage durchziehen lassen. Dann die Zwiebeln abspülen, abtropfen lassen und in Gläser füllen.

Zubereitung

In einem Topf den Essig mit den Gewürzen aufkochen und über die Zwiebeln gießen. Die Gläser verschließen und vor dem Verzehr an einem kühlen Ort wenigstens 3 Monaten ruhen lassen.

Merkzettel

Die Zwiebel ist eine sehr sortenreiche Kulturpflanze, und trotz ihres intensiven Geruches spielt sie in vielen Gerichten eine große Rolle.

Register